तत्पुरुष

अशोक वाजपेयी का चौथा कविता-संग्रह

तत्पुरुष

अशोक वाजपेयी

राजकमल प्रकाशन
नयी दिल्ली पटना इलाहाबाद कोलकाता

ISBN : 978-81-267-2656-1

मूल्य : ₹ 300

पहला संस्करण : 1989
पहली आवृत्ति : 2014

प्रकाशक : राजकमल प्रकाशन प्रा. लि.
1-बी, नेताजी सुभाष मार्ग, दरियागंज
नई दिल्ली-110 002

शाखाएँ : अशोक राजपथ, साइंस कॉलेज के सामने, पटना-800 006
शाखाएँ : अशोक राजपथ, साइंस कॉलेज के सामने, पटना-800 006
पहली मंजिल, दरबारी बिल्डिंग, महात्मा गांधी मार्ग, इलाहाबाद-211 001
36 ए, शेक्सपियर सरणी, कोलकाता-700 017

वेबसाइट : www.rajkamalprakashan.com
ई-मेल : info@rajkamalprakashan.com

मुद्रक : बी.के. ऑफसेट
नवीन शाहदरा, दिल्ली-110 032

TATPURUSH
Poems by Ashok Vajpeyi

मुन्ना (उदयन) के लिए

पड़ोस में

तत्पुरुष में संग्रहीत ज्यादातर कविताएँ पिछले दो वर्षों में लिखी गयी हैं। कुछेक उससे पहले की हैं। बाद की कुछ छोड़ भी दी गयी हैं।

कविता में यह और वह का तनाव पुराना है—कभी खेल-खेल में और कभी गहरी विकलता से कविता दोनों को विन्यस्त और समस्त करती है। कई बार आत्मसबोधन होते हुए भी कविता का काम, भाषा के सहज न्यास से, दूसरे के बिना नहीं चलता। इस संग्रह में एक पिछला रुझान शायद कुछ अधिक स्पष्ट हुआ है—सब कुछ के पड़ोस में ही होने का। शब्द हमें बरबस एक-दूसरे के पड़ोस में रख देते हैं—अनन्त के पड़ोस में, मृत्यु और काल के पड़ोस में, इसको उसके पड़ोस में, सहज-सामान्य को सर्वथा अप्रत्याशित के पड़ोस में। पड़ोस में सब कुछ तत्काल है—सभी तत्पुरुष।

आशा इतिहास की विवशता है—कविता की नहीं। वह उन युग्मों को अमान्य करती है जो आज हमारे जीवन और विचार की लगभग अनिवार्य विवशता बने हुए हैं। वह किसी जगह को किसी दूसरी जगह के लिए खारिज नहीं करती। जैसा कि किसी ने कहा, अन्ततः वह "हमारे सुभेद्य माथों पर एक पूर्णाकाश न सही, भरोसे की छतरी तो उठाती है।"

सारे समकालीन विपर्यास, विध्वंस और संकोच के बरक्स ये कविताएँ जगह, आदमी और शब्द की उत्तरजीविता का शान्त और विनम्र विन्यास हैं। यह यत्किंचित् चेष्टा अनदेखी नहीं जायेगी ऐसी उम्मीद है।

अशोक वाजपेयी

1 अक्तूबर 1988
डी/8, चौहत्तर बँगले,
भोपाल। म. प्र.

क्रम

दस्तक

दरवाज़े पर दस्तक
एक हरी पत्ती की,
एक लगभग अदृश्य कीड़े की,
किसी पिछली सदी से चली हवा की,
एक अटपटे बालशब्द की ।

दरवाज़े पर दस्तक
सन्तों की,
सरदी से ठिठुरते बच्चों की,
व्याधियों से बची आत्माओं की ।

दरवाज़े पर दस्तक
दिवंगत माँ की,
जंगल में बिला गये गान की,
यातनादीप्त चेहरे लिये पूर्वजों की ।

दरवाज़े पर दस्तक
अजन्मे पोते की,
भविष्य की अंजलि में झरनेवाले
क्षण की,
अगले जन्म में व्यापनेवाली व्यथा की ।

दरवाज़े पर दस्तक
कभी न खुलनेवाले दरवाजे की ।

दरवाज़े पर दस्तक
नीरव मृत्यु की,
घबराये हुए देवताओं की,
विक्षुब्ध अनन्त की ।

1987

छोटी-सी दुनिया

यही जो छोटी-सी दुनिया हमें मिली है
सच है, सुन्दर है
और असह्य भी—
यही सम्हाले नहीं सम्हलती है
यही भरी है इतने हर्ष से, यही द्रवित है इतने विषाद से ।

अपने बगल में टुकुर-टुकुर ताकती गिलहरी से
कहा फूल ने,
एक बुढ़िया अपनी गुदड़ी से निकालकर
एक तोताखाया फल अपनी नातिन को देते हुए
यही बोली ।

छोटी-सी है तितलियों और मधुमक्खियों की दुनिया,
छोटी है दुनिया तोतों और बगुलों की,
आम और अमरूद की, इमलियों और बेरों की ।

बड़ा सपना देखती
बड़ी सचाई को संक्षिप्त करती
सूरज और चाँद को,
नक्षत्रों और अन्तरिक्ष को
हथेली पर अक्षत की तरह
पवित्र रखती

यही
जो छोटी-सी दुनिया
हमें मिली है
सच है,
सुन्दर है।

1987

तुम्हारा-मेरा पता

जब आ सकोगे तभी तुम आओगे—
तुम्हारा पता नहीं है—
कोई तुम्हारी प्रतीक्षा भी नहीं करेगा ।

हो सकता है न दिन डूबा हो न दिल,
दोपहर हो—
मेथी-पराठे खाने के बाद अलसाने की,
और हो सकता है
कि सब कुछ सजा-सुथरा हो
पर जैसे बिखरने के पहले—

पत्तियों के हरे शब्दों
और गलियों के लथपथ विन्यास
को अँधेरा लील चुका हो—

तुम जब आओ
तो बन्दनवार मुरझा चुकी हो
पर धूप खिली हो प्रफुल्ल—

कुछ भी कहना मुश्किल है
कि क्या होगा
जब तुम आओगे—

हो सकता है
मैं भी न रहूँ
जैसे अँधेरे में नहीं रह जाता हरापन –

तुम तो जब आ सकोगे
तभी आओगे –
न तुम्हारा पता है
न मेरा ।

1987

तलाश

उस अँधेरे रास्ते पर मुझे
दूसरी शताब्दी की एक बच्ची मिली
जो अपने घर पहुँचने की कोशिश में थी ।

वह रास्ता कुछ भूल-सा गयी थी,
पर उसे विश्वास था कि आगे जाकर
ठीक मोड़ आ जायेगा
और वह जल्दी ही घर पहुँच जाएगी ।
उसे डर सिर्फ़ यह था कि
उसके देर से पहुँचने के कारण
क्रोध से उसका छोटा भाई
उसकी पोथियाँ तहस-नहस न कर दे ।

वह कहाँ से आ रही थी
यह मैंने नहीं पूछा ।
दरअसल शुरू में तो मैंने उसे लक्ष्य ही नहीं किया ।
पता नहीं कब, मैंने पाया कि वह मेरे साथ है ।
उसका ख़याल था कि मुझे रास्ता मालूम है—
मैं उसे कैसे बताता कि मुझे भी रास्ते की तलाश है ।

आगे पेड़ के नीचे बाईसवीं शताब्दी का एक बूढ़ा
बैठा था—

और उसने बताया कि जहाँ हम जाना चाहते थे वहाँ
कई रास्ते जाते है ।
उसने यह भी कहा कि आगे अच्छी धूप होगी
और काफी लोग मिलेंगे, बस्तियाँ भी ।

तब से हम चल रहे हैं–
बहुत देर से एक घर भी दिख रहा है,
जहाँ हम उम्मीद करते हैं कुछ गुड़-पानी मिलेगा ।
उसके पार धूप भी दीखती है–
पर अपनी-अपनी उम्मीद लिये,
फिलहाल हम चल रहे हैं–
उस मोड़ की ओर,
उस घर की ओर,
उस जल और धूप की ओर ।

1987

कुछ तो

सब कुछ नष्ट नहीं होगा
कुछ तो बच ही जायेगा ।

जले हुए ठूँठों में से एक की नंगी डाल पर
एक नया किसलय,
झर जायेंगे सारे पाप
पर बचा रह जायेगा एकाध
असावधानी से हो गया पुण्य—

उड़ जायेंगी सारी कविताएँ
अनन्त में विलीन हो जानेवाले पक्षियों की तरह,
पर कुछ रूपक और शब्द बचे रह जायेंगे
वनभूमि पर नीरव गिरनेवाले पंखों की तरह—

लुप्त हो जायेंगे सारे हिंस्र पशु,
सिंह और चीते और भेड़िये,
पर एक अँधेरी खोह में दुबका रह जायेगा एक
भयभीत खरगोश—

घण्टी बजाते हुए अपनी साइकिल पर लादे
चिट्ठियों और पैकेटों का ढेर आयेगा डाकिया,

आधी रात को ऊँघता हवलदार अपनी मेज़ पर
रखेगा सिर और ओहदा,
मोड़ का खोंचेवाला अलस्सुबह चढ़ायेगा चाय की केतली,
मैकेनिक की दूकान पर गन्दा लड़का देगा सरदी को भद्दी गाली,
सब मिटा दिये जायेंगे
जैसे आसानी से खड़िया की लिखत मिटा दी जाती है
पर बची रह जायेगी
जंगल में कण्डे और लकड़ियाँ बीनती एक बुढ़िया
और बिना किसी रसोइये के
बटलोही में खुदबुदाती दाल–

अपनी गाड़ी में ले जायेगी
लादकर मृत्यु सारा अम्बार और अटाला
पर छूट ही जायेगी
एक टुटही मेज़ और बाल्टी–

सब चले जायेंगे
सुख-दुख, धैर्य और लालच
सुन्दरता और पवित्रता
पर प्रार्थना के अन्तिम अक्षय शब्द की तरह
बची रह जायेगी कामना–

सब कुछ नष्ट नहीं होगा,
कुछ तो बच ही जायेगा ।

उस पार

मैं उस पार नहीं गया—
यह नहीं कि जाना नहीं चाहता था,
यह भी नहीं कि मुझे अनजाने में जाने का कोई डर था,
यही कि मैं नहीं जा पाया
मुझे समय ही नहीं मिला ।

बाज़ार से लाने थे छहों महाद्वीपों के नक्शे अपनी बेटी के लिए,
अपने दोस्त के अधबने मकान को देखने जाना था,
उधेड़कर सिलवाने थे अपने लिए
ढेर सारे पुराने कपड़ों से कुछ नये लगते बड़े कपड़े,
फिर बीमे की किस्त भरनी थी,
बाज़ार में तंगजेब बिना लालच के घूमना था,
इतवार की छुट्टी निठल्ली बितानी थी,
क़तार में खड़ा होना था,
सभा में बेवज़ह जाना था,
एक पुराना गाना भूले शब्दों के साथ गुनगुनाना था ।

मैं जानता था कि
अगर थोड़ी भी फ़ुरसत होती
तो मैं जा सकता था
धूप और अँधेरे के पार,
रात और दिन के पार,

अन्तरिक्ष और खगोल के पार,
कि मैं बीन सकता था झरे हुए फूलों की तरह नक्षत्र–
छा सकता था नीलिमा की तरह आकाश पर–
ढँक सकता था वनस्पतियों की तरह धरती को–
अनन्त की तरह बटोर सकता था समय को–
पर
मैं
उस पार
नहीं
गया ।

1987

अगर समय होता

तुम्हारे पास समय होता
तो मैं तुम्हें ले चलता
उस कगार पर
जहाँ से दीखते हैं तीनों लोक
और प्रलय के बाद
जलधि पर तैरता
पत्ते पर लेटा
अँगूठा चूसता शिशु–

या उस खण्डहर में
जहाँ धीरोदात्त नायक बूढ़े चौकीदारों की तरह
लालटेन लिये
भटकते हैं शताब्दियों पार की अमावस्या में–

उस वृक्ष के नीचे
जहाँ ध्यानमग्न बैठे हैं
न जाने कब से
महाकाल, गरुड़ और पद्मपाणि–

तुम्हारे पास समय होता
तो मैं तुम्हें सुनाता

अज्ञातकुलशीलों की वीरगाथाएँ,
लुप्त पांडुलिपियों से प्राचीन पद्य,
और देवताओं की कानाफूसियाँ ।

उधर सरहद के पास
चट्टान के नीचे
कीड़े-मकोड़ों का मनोरम संसार,
बैकुण्ठ के पास रँभाती कामधेनु–

पर तुम जल्दी में हो
संसार, घरबार, रोज़मर्रा के कामों से
तुम्हें फ़ुरसत नहीं है–
अन्यथा दूर नहीं जाना था,
सब कुछ यहीं पास ही था,
तुम्हारे पास अगर समय कुछ होता ।

1987

आना

तुम छिपकर नहीं
सबके सामने आना

जब बहियाँ बिछाकर हिसाब बता रहे हों साहूकार,
जब तौल रहा हो कुँजड़ा आधा किलो कुम्हड़ा,
जब स्कूल बस पकड़ने की जल्दी में झपट रही हो मेरी बेटी
जब पानी बिना पियरा रही हो सामने की हरी घास–

तब तुम आना

जब कठिनाई हो तुम्हें पहचानने में,
जब देवता ब्याज लेकर वापस जाने को हों,
और नहाने के लिए रखा गरम पानी ठण्डा होने को,

तब तुम आना
सबके सामने–

जैसे जाने के पहले शाम की आखिरी धूप
जैसे दुखी मन पर प्रार्थना की छाया
जैसे सूखते वृक्ष को
एक हरा गान सुनाती चिड़िया

तुम आना

जो भी बचा हो उसे अपनी गठरी में समेटकर
अन्त की ओर जाने के लिए
मेरे साथ

तुम आना
पर छिपकर नहीं
सबके सामने—

1987

अन्ततः

चोर दरवाज़ा कोई नहीं है
कि इस धधकते समय में तुम चुपके से
एक जनाकीर्ण स्टेशन से छूटनेवाली
किसी रेलगाड़ी के आखिरी डिब्बे में बैठकर
या किसी राजपुरुष के नगरागमन पर
बेरुख़ी से स्वागत के झण्डे हिलाती बच्ची के बगल से,
या अँधेरे में धीरे-धीरे पक रहे अमरूद के पेड़ों के पास से
चुपचाप भागकर
कहीं और चले जाओ–

कहीं और भी
सुबह एक साफ़-सुथरे लिफ़ाफ़े में रखकर
थमा दिया जायेगा तुम्हें गिरफ़्तारी का परवाना–
कहीं और भी
हो सकता है दमकते रथ पर आरूढ़ राजपुरुष तुम हो–
और तुम्हें चकाचौंध में सिर्फ़ झण्डियाँ भर दीख पड़ें, बच्चियाँ नहीं,
पके अमरूद में पड़े कीड़े
तुम्हारी तश्तरी पर भी रेंगने लगें–

चोर दरवाजा कोई नहीं है

सब रास्ते जाते हैं–
जन्म से मृत्यु की ओर

कोई नहीं जाता अनन्त की ओर–

प्रार्थना सिर्फ़ एक खिड़की है
जो एक असंभव अदृश्य रास्ते पर
कुछ देर खुलती
और
फिर बन्द होती है ।

1987

अगर तुम

अगर तुम मिल जाते समय पर
और सही जगह
तो इतना भटकना न पड़ता—

भटकी हुई पत्ती को मिल जाता पता
नदी तट का,
राग के उजाले में लौट जाता
अँधेरे में खो गया कोमल गंधार,
दरवाज़े पर दस्तक दे रहा
तारा पहुँचा देता
पृथ्वी के पास उसके लिए
लाया गया प्रेमपत्र—

अगर तुम मिल जाते
तो पलाश के वृन्त को कुतरता तोता
लगा ही लेता आग
हरे में,
लुप्तप्राय शब्द को मिल ही जाता
प्रिय दिवंगत कवि का घर,
और मुझे वे सीढ़ियाँ
जिन्हें अधर में लटकता-सा छोड़कर
मैं पैदल नाप आता आकाश—

अगर तुम मिल जाते समय पर
और सही जगह
तो मैं मृत्यु को आमंत्रित कर सकता था
शाम के खाने पर,

और समय को पोटली में लपेटकर
मनचाहे मोड़ पर बैठा रह सकता था
चुस्कियाँ लेता और गप लगाते हुए
आयु से—

अगर तुम मिल भर जाते—

1988

थोड़ा-सा

अगर बच सका
तो वही बचेगा
हम सबमें थोड़ा-सा आदमी—

जो रौब के सामने नहीं गिड़गिड़ाता,
अपने बच्चे के नम्बर बढ़वाने नहीं जाता मास्टर के घर,
जो रास्ते पर पड़े घायल को सब काम छोड़कर
सबसे पहले अस्पताल पहुँचाने का जतन करता है,
जो अपने सामने हुई वारदात की गवाही देने से नहीं हिचकिचाता—

वही थोड़ा-सा आदमी—
जो धोखा खाता है पर प्रेम करते रहने से नहीं चूकता,
जो अपनी बेटी के अच्छे फ्राक के लिए
दूसरे बच्चों को थिगड़े पहनने पर मजबूर नहीं करता,

जो दूध में पानी मिलाने से हिचकता है,
जो अपनी चुपड़ी खाते हुए दूसरे की सूखी के बारे में सोचता है,

वही थोड़ा-सा आदमी—
जो बूढ़ों के पास बैठने से नहीं ऊबता
जो अपने घर को चीज़ों का गोदाम बनने से बचाता है,

जो दुख को अर्ज़ी में बदलने की मजबूरी पर दुखी होता है
और दुनिया को नरक बना देने के लिए दूसरों को ही नहीं कोसता ।

वही थोड़ा-सा आदमी–
जिसे खबर है कि
वृक्ष अपनी पत्तियों से गाता है अहरह एक हरा गान,
आकाश लिखता है नक्षत्रों की झिलमिल में एक दीप्त वाक्य,
पक्षी आँगन में बिखेर जाते हैं एक अज्ञात व्याकरण–

वही थोड़ा-सा आदमी–
अगर बच सका
तो वही बचेगा ।

1987

सड़क पर एक आदमी

वह जा रहा है
सड़क पर
एक आदमी
अपनी जेब से निकालकर बीड़ी सुलगाता हुआ
धूप में–
इतिहास के अँधेरे
चिड़ियों के शोर
पेड़ों में बिखरे हरेपन से बेखबर
वह आदमी

बिजली के तारों पर बैठे पक्षी
उसे देखते हैं या नहीं कहना मुश्किल है
हालाँकि हवा उसकी बीड़ी के धुएँ को
उड़ाकर ले जा रही है जहाँ भी वह ले जा सकती है

वह आदमी
सड़क पर जा रहा है
अपनी ज़िन्दगी का दुख-सुख लिये
और ऐसे जैसे कि उसके ऐसे जाने पर
किसी को फर्क़ नहीं पड़ता
और कोई नहीं देखता उसे

न देवता, न आकाश और न ही
संसार की चिन्ता करनेवाले लोग

वह आदमी जा रहा है
जैसे शब्दकोष से
एक शब्द जा रहा है
लोप की ओर

और यह कविता न ही उसका जाना रोक सकती है
और न ही उसका इस तरह नामहीन
ओझल होना

कल जब शब्द नहीं होगा
और न ही यह आदमी
तब थोड़ी-सी जगह होगी
खाली-सी
पर अनदेख़ी
और एक और आदमी
उसे रौंदता हुआ चला जायेगा

1988

वह आदमी

जो चला गया है
अभी थोड़ी देर पहले यहाँ से
वह एक आदमी ही है
यह कहना मुश्किल है—

उसका कोई निशान बाक़ी नहीं है
न ही पहचान

वह कुछ छोड़ भी नहीं गया है
कोई चीज़, पुरानी चप्पलें,
चिट्ठियाँ या एक गुनगुनाहट ही सही

यह सही है
कि माहौल में एक उदासी-सी है
जो पत्ते झरने या
चिड़िया के अपना घोंसला छोड़कर
कहीं और उड़ जाने पर नहीं होती है

एक बहुत हलकी दस्तक-सी है
जो न देवता देते हैं
और न हवा

इसलिए सन्देह तो ज़रूर होता है
कि वह आदमी ही रहा होगा
पर अचरज इस पर है
कि उसने अपने पीछे कुछ नहीं छोड़ा है
न धब्बा, न निशान, न दाग़, न छाया
सिवाय इस सन्देह के कि
वह आदमी ही रहा होगा—

1988

दुख

एक आदमी अलस्सुबह
अपने दुख को टोकनी में भरकर
बेचने जाता है सब्जीमण्डी ।

एक आदमी अपने दुख को
लकड़ी की तरह टेकता हुआ
चढ़ता है
दफ्तर की सीढ़ियाँ ।

एक औरत
अपने दुख को
पुस्तक के पन्नों के बीच
सूखी पत्ती की तरह छिपाये हुए
पढ़ाती है बच्चों को कबीर के दोहे ।

एक आदमी
अपने दुख को जलाकर
करता है उदासीन देवता की आरती ।

एक गरीब बच्चा
गन्दे पनाले के किनारे बैठकर
एक गिलास को

थोड़े-से दूध और
ज्यादातर अपने दुख से भरकर
पीता है ।

दुख के तिनके और चीथड़े बीनकर
बनाती है घोंसला एक प्रसन्न चिड़िया ।
गरमी के दुख में भी फूलता है अमलतास ।

दुख की तरह अनिवार्य
और उसी की तरह दूर और पास
लगता है
हमको
आकाश ।

1988

लड़ाई

देवताओं से विरत
और योद्धाओं से उदासीन
वह आदमी लड़ता है
एक पवित्र लड़ाई ।

बरसात मे एक घड़ी बरसनेवाले
घन को
घर में चार घड़ी बरसने से बचाने के लिए
छितरा रहे छप्पर को
वक्त पर दुरुस्त करने की–

वह धीरे-से बोलता है
रोज़-ब-रोज़
वही गिनेचुने शब्द–
जरूरत के, इच्छाओं के,
एकाध सपने के, कोशिश के,
कुछ प्यार के, कभी-कभार नफरत के,
अस्पष्ट प्रार्थना के–

वह जाता है अपनी बेटी के साथ
और भरकर लाता है दूर से पीने का पानी ।

वह बेटे को भेजता है मेहनत करने ।
अपनी बीमार पत्नी को देता है केवल ढाढस,
वह पड़ोसी के यहाँ गमी होने पर
भेजता है दोपहर का खाना ।

वह थोड़ी-सी छाँह पाकर
सो जाता है पेड़ तले ।
वह लाता है अपने नाती के लिए एक सस्ता-सा झुनझुना ।

वह आदमी
लड़ता है
अपने आदमी बने और बचे रहने की
कहीं भी दर्ज़ न की जानेवाली
एक पवित्र लड़ाई—

1988

ऐसे जैसे

एक हल्का-सा इशारा
पत्ते का खड़कना
थोड़ी-सी लौ–
इनमें से कोई भी काफ़ी था
बचा सकने के लिए
पर जब वह
उस सुनसान गली की नाउम्मीदी में ढेर होने को था
तो उसमे गाढ़े अँधेरे
और सर्द पत्थरों के अलावा कुछ
नहीं था

ढाबे की उस मेज़ पर
नष्ट हुए बचपन की तरह
धीरे-धीरे सूख रहा था
पानी
और सामने की कुर्सी
खाली थी
किसी अप्रत्याशित देवता के लिए

कोई अन्देशा नहीं था
कि ऐसा कुछ होगा
न इसकी कोई खबर

ही लाया था
कि कोई आयेगा

दस्तक सुनायी पड़ी
पर उठा नहीं कोई
हाथ साँकल खोलने
या देने जवाब
उस पुकार का

एक आदमी
ऐसे ओझल हुआ
ऐसे हारा
ऐसे बीता
जैसे खिड़की के पुराने परदे
को हिलाकर जाती हवा,
जैसे जल्दी में ले जाये गये गिलास से उछला पानी,
जैसे असावधानी में जेब से
गिर गया कागज़ ।

1988

गली में

सूर्य का स्वागत करता हुआ
अँगड़ाई की-सी मुद्रा में एक कुत्ता,
चक्का चलाने की होड़ में भागते दो बच्चे,
जो अब नहीं हैं उन दिनों के ख्याल में
डूबा हुआ एक चेहरा
सिगरेट और करुणा के बीच संयमित,
एक पुरानी हवेली का अँधियारा भाग,
और उसकी ओर जाती हुई एक अधेड़ स्त्री,
माँ को पुकारता रोता एक गँवई बच्चा,
उसे देखती एक बच्ची और
पिछले दरवाजे से पनघट जाती एक औरत,
गोधूलि में एक चूड़ियोंवाली,
भाफ का बादल और एक मज़दूर औरत,
धूपवलयित बरगद की जड़ों पर बैठकर
जंगल निहारते दो बच्चे,
उढ़के हुए भारी लाल दरवाज़े पर पड़ती
एक काली छाया,
लोकनर्तकों के दल से अलग
अनमनी-सी खड़ी एक लड़की–

उसने याद किया
यह सब

और पापपुण्य की पुरानी खूँटी पर
उतारकर रख दी अपनी जिन्दगी
कोई दूसरा आया
और उसे पहनकर गली में खो गया

1988

बेख़बर

अपने पाँवों से
देश को नापता हुआ
और काल को कन्धे पर
अँगोछे की तरह धरे हुए
वह
गुज़रता है
बाजार से—

वह आँगन में
थककर बैठते हुए
पानी के लिए
पुकारता है अपनी बेटी को
और उसकी पुकार
शून्य शिखर के पार
अनहद गूँजती है
और भागकर एक देवता
उसके लिए
कलश में जल भरने का
करता है उपक्रम—

वह
शाम को अपने दोस्त के दरवाजे पर

देता है दस्तक
और खुलता है एक द्वार
दूर अन्तरिक्ष में, नक्षत्रों के पड़ोस में–

वह
बेखबर
जैसे सारे इतिहास को
गुड़ीमुड़ी पुराने काग़ज़-सा
अपनी जेब में रखकर
रोज काम पर जाता है ।

1988

वे आयेंगे

वे देवदूतों की तरह
धवल-उज्ज्वल,
उदारचरित आयेंगे ।

वे आश्वस्त करेंगे,
उनके पास होगा पाथेय,
नयनपथगामी,
वे देवदूतों की तरह आयेंगे ।

तुमने उन्हें बुलाया न भी हो
वे आयेंगे ।
वे उत्कर्ष का गान समवेत गायेंगे ।

वे धीरे-धीरे बिना कुछ कहे
हथिया लेंगे तुम्हारी जगह ।
हर लेंगे तुम्हारे वचन,
तुम्हारा रक्तकल्प कर
तुम्हें अपनी अस्थियों के अँधेरे में
चुपचाप छोड़कर
दिव्य निर्मम आभा से दीप्त
वे आगे चले जायेंगे ।

वे देवदूतों की तरह आयेगे
और नरक में तुम्हें छोड़कर
अपने स्वर्ग लौट जायेंगे ।

1987

वे

वे एक पिंजड़ा लायेंगे,
अदृश्य,
पर जिसे छोड़कर फिर
उड़ा नहीं जा सकेगा ।

वे वचन देंगे आकाश का,
वे उल्लेख करेंगे उसकी
असीम नीलिमा का,
पर वे लायेंगे पिंजड़ा –

फिर वे धीरे-से समझायेंगे
कि आकाश में जाने से पहले
पिंजड़े का अभ्यास ज़रूरी है ।

फिर वे कहेंगे कि आकाश में बहुत ख़तरा है,
कि कहीं नहीं है आकाश,
कि आकाश भी अन्ततः पिंजड़ा है ।

फिर वे पिंजड़े में
तुम्हें छोड़कर
आकाश में
अदृश्य हो जायेंगे ।

1987

कहाँ है घर ?

कहाँ है वह घर
जहाँ हम वापस जाना चाहते हैं ?

(1)
राजापुर-गढ़ेवा का पैतृक घर
अब ढहने को होगा—
उसका छप्पर उड़ चुका था,
आँगन में बरसों पहले उग आये थे घास-झंखाड़,
वहाँ दिन में भी अँधेरा रहता होगा ।
हो सकता है कि
कीड़े-मकोड़ों और नेवला-गिलहरियों के साथ
कभी-कभार पुरखे भटकते आ निकलते हों—
वह घर जो
पिता कुछ चौपाइयों के साथ
याद करते
अपनी मृत्यु में मानों साथ ले गये ।

44 गोपालगंज सागर का मकान
कुएँ और हरसिंगार के पेडवाला,
जहाँ शुरू हुई कविता—
जहाँ हुआ प्रेमारंभ

जहाँ से शहर छोड़कर दूसरे शहर जाना शुरू हुआ–
अब औरों के पास है, किराये का जो था,
बकौली-कठचन्दन के पेड़ अब नहीं दीख पड़ते
पिछवाड़े का चोपरा सूख चुका,
बन्द हो गयीं भगतें चमारों की,
हो गया मुहल्ला वह ऐसा
जहाँ हर मकान दूकान में बदलने की होड़ में है–
उस भीड़ और हाहातूती में खोजना मुश्किल होगा
बचपन का बस्ता, संगाती, छुपकर खायी चाट
आकाशनीम के मिथुनों के ऊपर का नीलाकाश–

(2)

वह घर
क्षितिज के पार है–
जहाँ गन्ध है सदियों की,
जहाँ डेरा है पुरखों का,
जहाँ उजास है भविष्य के शिशुओं का,
जहाँ सारा समय एक साथ है
जैसे कई सारे यात्री सुस्ताते बरामदे में,
जहाँ मृत्यु हमेशा खाली हाथ वापस जानेवाले
अतिथि की तरह बैठी हुई–

वह घर
असंभव है
उस तक पहुँचना
वह है :
पर उस तक जाने का रास्ता
किसी को नहीं मालूम–
न ही वह इस ज़िन्दगी
या इन शब्दों से होकर जाता है–

कहाँ है वह घर ?

1987

जगह

कहाँ है शब्दों की जगह ?

दोपहर की कड़ी धूप में मुरझाने के लिए अभिशप्त
सुबह की हरी पत्तियों की हँसी,
पीपल की छाँह में
माँ के लिए ललकते बच्चे का उत्साह,
और प्रतीक्षा में निर्विकार बैठे बूढ़े
जहाँ हैं,
जो जगह घेरे हैं
क्या वहाँ, उनकी जगह पर
रखे जा सकते हैं शब्द ?

पीलेपन के पार शब्द याद कर सकते हैं हरियाली,
पर लौटा नहीं ला सकते उसे,
खींच नहीं सकते मृत्यु से दूर बूढ़े को,
भर नहीं सकते स्तनों को पवित्र दूध से

शब्द ले नहीं सकते किसी की जगह,
याद भर दिला सकते हैं
कि जगह थी, कि जगह है,
कि जगह होनी चाहिए
कि हरी-भरी जगह सूखकर पीली पड़ गयी है,

कि जो जगह लिये है
उसे जगह देना चाहिए ।
शब्द किसी की जगह नहीं लेते ।
हमारे-तुम्हारे लिए
जगह खोजते-बनाते हैं,
सारी धकापेल के बावजूद
जगह बचा रखते हैं ।

1987

हाथ में

जानता हूँ यह सब मेरे हाथ में नहीं है :
यह पक्षियों का
पूर्वजों की तरह
घर के आसपास रखवाली करते हुए घूमना
पीली पड़ने से पहले
उस हरी पत्ती का
सूर्य के विरुद्ध सिर उठाना
बारिश में उसे बूढ़े का
एक फटे छाते के नीचे घिसटकर
बादलों की ओर जाना

मेरे हाथ में नहीं हैं ये शब्द भी,
जो अभी किसी अतल मौन से उभरे हैं
और अनन्त की गोद में खो जायेंगे—
भागते-दौड़ते लोगों की गठरियों से मैंने
उन्हें चुराया है
और पीछे छूट गये बच्चों की तरह
अभी थोड़ी देर में वे
झुण्ड में वापस चले जायेंगे—

हाथ में नहीं है जीवन भी
जो देर-सबेर होगा समाप्त—

मुझे ले जायेगी
राख की तरह उड़ाकर मृत्यु
यह दृश्य भी हो जायेगा ओझल –
बचेंगे सिर्फ़ शब्द ही
जो किसी के हाथ में न होंगे !

1987

धूल की तरह सच

हमें खुद ही पता नहीं है
हम इतने सारे सच
उठाये चल रहे हैं ।

अपने समय का सच,
अपने समय में आदमी के धीरे-धीरे
गायब हो जाने का सच,
चीजो, लालच और डाह के बढ़ जाने
और जगह के कम होते जाने का सच,
दिन-ब-दिन भरोसा न किये जाने का सच,
चूहादौड़ में शामिल होकर हार जाने पर
पैदा होनेवाले वैराग्य का सच,
बड़े सच के भ्रम में
छोटे-छोटे सचों को हिकारत से
घूरे पर फेंक दिये जाने का सच,
दूसरों के दिये ढाँचे में
अपने को लगातार ढालते रहने का सच,
कई दिनों के बासी पानी को
बदलने और घड़े को पता भी न चलने का सच—

किसी पुराने कमरे में
बरसों से पडे फरनीचर पर जमी धूल की तरह

सच हमारे ऊपर है
और उसी में छायी चुप्पी की तरह
यह इत्मीनान भी
कि इस धूल को साफ़ करने
कोई नहीं आयेगा ।

1988

ऐन वक़्त पर

ललछौंहे किसलय धीरे-धीरे हो जायेंगे हरे।
एक गिलहरी मीटरबाक्स की जाली में सेंध लगाकर
न जाने कब बना लेगी अपना घर ।
गलत मकान के दरवाजे पर दस्तक देकर
ढेर हो जायेगा बूढ़ा ।
पुराने दस्तावेज़ों की तरह मटमैले पड़ जायेंगे
सुख-दुख ।
दराज खोलने पर पुराने अख़बार के नीचे से कुछ नहीं निकलेगा
न पाप, न पुण्य ।
गठरी में सहेजकर धरे गये पुराने कपड़ों के बदले
मिलना बन्द हो जायेंगे नये बर्तन ।
एक बुढ़िया अपनी आखिरी नींद में जाने से पहले
गरमी से झुलसी चिड़ियों के लिए रखेगी
एक कटोरी में पानी ।

हम जो न लड़ सकते हैं–
न चीज़ों को बदल सकते हैं–
हम जो अपने रामझरोखे से सिर्फ़ देख सकते हैं,
और अपनी बही में दर्ज़ कर सकते हैं
ज़िन्दगी का यह गड्डमड्ड हिसाब
हम यही करते रहेंगे–
ताकि सनद रहे,
भले ऐन वक़्त पर
हमारे या किसी के काम न आये ।

1988

अदृश्य

कोई नहीं चलता जिस पर
ऐसी एक पगडण्डी
उतरती चली जाती है नदी पर—

झुकती है एक डाल फूलों-भरी
झरने पर
जिसे कोई नहीं देखता—

एक शब्द जो खेल-खेल में बनाते हैं
मुहल्ले के फटेहाल बच्चे
और भाषा या शब्दकोष में शामिल होने के पहले
भुला दिया जाता है—

एक प्रार्थना जो
उठती है करुण और एकाग्र
पर किसी देवता तक पहुँचने के पहले
ठिठककर रह जाती है
दहलीज़ पर ही—

एक कविता
जो लुप्त शब्द की प्रार्थना

निर्जन पगडण्डी पर झुकी डाल से
बनती है
आकाश में एक घोंसले की तरह
प्रतीक्षा में
धीरे-धीरे
अदृश्य ।

1988

कुछ देर के लिए

एक पुरखे के किसान-पैरों की
घिसी हुई चप्पल के तल्ले में चिपके
सूख गये कीचड़ का एक थत्ता–

किसी रंगीन चिड़िया की
अन्तिम उड़ान के दौरान
नीरव गिरा एक पंख–

पुराने कुएँ की पार पर
छूटा हुआ
घिसटकर पतली हो गयी रस्सी का
एक मूँज--

बगीचे के किनारे की झाड़ी में
पड़ी बिसरा दी गयी
वर्षों पहले की गेंद
जिसके बगल से चींटों की एक कतार
दूर जाकर बिला जाती है–

इन सबको सहेजकर
कविता बनाता हूँ–

संसार की नश्वरता के विरुद्ध
अपनी लड़ाई में,
शब्दों की अक्षरता से,
एक मोरचा
कुछ देर के लिए सही
जीत जाता हूँ ।

1988

मुझे चाहिए

मुझे चाहिए पूरी पृथ्वी,
अपनी वनस्पतियों, समुद्रों
और लोगों से घिरी हुई,
एक छोटा-सा घर काफ़ी नहीं है ।

एक खिड़की से मेरा काम नहीं चलेगा,
मुझे चाहिए पूरा का पूरा आकाश
अपने असख्य नक्षत्रों और ग्रहों से भरा हुआ ।

इस जरा-सी लालटेन से नहीं मिटेगा
मेरा अँधेरा
मुझे चाहिए
एक धधकता हुआ ज्वलन्त सूर्य ।

थोड़े-से शब्दों से नहीं बना सकता
मैं कविता,
मुझे चाहिए समूची भाषा—
सारी हरीतिमा पृथ्वी की
सारी नीलिमा आकाश की
सारी लालिमा सूर्योदय की ।

1987

नर्तकी

1

फूलों भरी डाल झुककर
जैसे बहते पानी से बतियाती है
और फिर हवा के झोंके में डोलकर
वापस हो जाती है स्थिर ।

2

उसके पैरों में घुँघरू बजते हैं
जैसे नक्षत्र गाते हों
आकाश में ।

3

वह अपने एकान्त को भरती है
अपने शरीर की लय से,
लालित्य से
उसकी आत्मा
उसे अपलक निहारती है
जैसे पक्षी देखता है
आँधी में तिनके-तिनके उड़ता
घोंसले के लिए जमा सारा का सारा सामान

4

वह छू आती है आकाश
वह घूम आती है अन्तरिक्ष
वह दूसरों का प्रेम व्यक्त करते लजाती है
वह दूसरों की कथा कहती है अपने शरीर से
वह कहीं नहीं जाती
वह रहती है
अपनी आत्मा के अँधेरे में जड़
दूसरों को पल्लवित-कुसुमित करती हुई

5

चौंधियाते प्रकाश में
अनगिनत आँखों के घेरे में
सबके बीचोंबीच
वह अकेली नाचती है
अकेलेपन से खोजती है
अपने लिए जगह

6

वनप्रान्तर में
एक अनाम वृक्ष की डाल पर
एक हरी पत्ती को ठेलकर
खिलता है एक अदृश्य पुष्प
और हवा समझती है
कि थिरक रहा है
छिटककर भी
वनदेवी के चरणों से
एक नूपुर ।

1987

चिड़ियाँ आयेंगी

चिड़ियाँ आयेंगी
हमारा बचपन
धूप की तरह अपने पंखों पर
लिये हुए ।

किसी प्राचीन शताब्दी के
अँधेरे सघन वन से
उड़कर चिड़ियाँ आयेंगी,
और साये की तरह
हम पर पड़े अजब वक़्त के तिनके
बीनकर बनायेंगी घोंसले ।

चिड़ियाँ लायेंगी
पीछे छूट गये सपने,
पुरखों के किस्से,
भूले-बिसरे छन्द,
और सब कुछ
हमारे बरामदे में छोड़कर
उड़ जायेंगी ।

चिड़ियाँ न जाने कहाँ से आयेंगी
चिड़ियाँ न जाने कहाँ जायेंगी ।

नीम और अमरूद के वृक्षों की शाखाओं पर
हरी पत्तियों, निबौलियों और गदराते फलों के बीच
चिड़ियाँ समवेत गान की तरह
हमारा बचपन हमारा जीवन
हमारी मृत्यु
सब एक साथ
गायेंगी ।

चिड़ियाँ अनन्त हैं
अनन्त से आयेंगी,
अनन्त में जायेंगी ।

1987

पत्थर

पत्थर पर झरता है फूल
गिरती है धूप

पत्थर पर फुदकती है चिड़िया
बैठकर सुस्ताती है वीरबहूटी

पत्थर पर पड़ती है परछाईं
बरसती है फुहार

पत्थर अचल है
समय है
पत्थर सबके सामने है
अभय है

1988

गूँजती हुई सुबह

वृक्षों की झिलमिल पत्तियों में
गूँजता है हरापन

पूरब के आकाश में
धीरे धीरे उठती है
एक अरुणाभ गूँज

धरती के सपने में
गूँजता है दूध
गूँजते हैं कुनमुनाते बच्चे
गूँजती है ओसभीगी हरियाली

देवताओं की तरह प्रसन्न
चहकते हैं पक्षी

लाल में गूँजता है हरा
हरे में नीला

और इसके पहले
कि मन्दिर में गूँजे प्रार्थना
ध्रुपद के आलाप की तरह
गूँजती हुई
पलाश के फूलों जैसी खिल जाती है
सुबह ।

1988

सूर्य

चम्पे के फूल मुँह उठाये
देखते हैं सूर्य की ओर,
तार पर बैठी एक चिड़िया
ताकती है सूर्योदय,
जाड़े में सरदी से कुकुड़ता
एक बच्चा उम्मीद से
बैठता है धूप में–

अपनी धुरी पर स्थिर और अचल
सूर्य
देखता है फूल को, चिड़िया को,
बच्चे को,
अपने ही प्रताप से
पकती फ़सलों को

सूर्य को नहीं सूझ पड़तीं
वनस्पतियाँ, लोग और
रँभाते-जमुहाते पशुओं की कतारें–

सूर्य ऊपर की ओर देखता है
शून्य में, अन्यमनस्क–

सूर्य के धधकते अन्तर में
बैठा है अँधेरा
सूर्य को दिखायी नहीं देता

धूप न सूर्य की नन्हीं उँगलियाँ हैं
न आँखें
धूप सिर्फ दृष्टि है
सब पर बिखरी पर कुछ भी न देख पाती
एक नेत्रहीन की ।

1988

ख़याल ही नहीं

मुझे खयाल ही नहीं था
कि इस बीच गुज़र गये हैं
कई सवत्सर और शताब्दियाँ,
मैंने तो उन्हें अपनी मेज़ से
धूल और मुरझाये फूलों की तरह हटा दिया ।

खिड़की के बाहर
आकाश वैसा ही था—
नीला, बदराया और उदासीन,
जैसा रहा होगा सदियों पहले
और धरती वैसी ही—
अपनी हरियाली, नदियों और पर्वतों के साथ
परिक्रमा करती हुई,
और सामने के पेड़ पर हर वर्ष की तरह
बुलबुल फिर क़रीने से अपना घोंसला बनाती हुई ।

सब कुछ कुल मिलाकर वैसा ही
पर फिर भी कुछ अलग—
लोगों की आवाज़ें बदल चुकी हैं
भले ही वैसे ही माँ पुकारती है बेटे को
पड़ोसी झगड़ता है पड़ोसी से

और कुँजड़ा झींखता है दामों पर
उस चिकनी-चुपड़ी औरत से—

दृश्य कुछ-कुछ वही है
पर कुछ बदल गया है
खुले पठारों और बड़े आँगनों में
गूँजती नहीं हैं आवाज़ें
मैं वही हूँ,
और नहीं हूँ
और मुझे ख़याल नहीं है कि
कितना समय गुज़र गया है ।

1988

वे बच्चे

प्रार्थना के शब्दों की तरह
पवित्र और दीप्त
वे बच्चे

उठाते हैं अपने हाथ,
अपनी आँखें,
अपना नन्हा-सा जीवन—
उन सबके लिए
जो बचाना चाहते हैं पृथ्वी,
जो ललचाते नहीं हैं पड़ोसी से,
जो घायल की मदद के लिए
रुकते हैं रास्ते पर—

बच्चे उठाते हैं
अपने खिलौने
उन देवताओं के लिए—
जो रखते हैं चुपके से
बुढ़िया के पास अन्न,
चिड़ियों के बच्चों के पास दाने,
जो खाली कर देते हैं रातोंरात
बेईमानों के भण्डार—

वे बच्चे
प्रार्थना करना नहीं जानते
वे
सिर्फ़ प्रार्थना के शब्दों की तरह
पवित्र और दीप्त
उठाते हैं अपने हाथ

1986

घास

घास में छिपी है धूप
घास में बिखरे हैं शब्द

घास से ढँकी हैं चट्टानें
घास में दुबका है आकाश

घास में गाते हैं देवता
घास में बसे हैं पुरखे

घास चुपचाप गाती है

घास मेरा प्रेम लेकर
तुम्हारे घर तक जाती है

घास
धूप की तरह
शब्द की तरह
आकाश की तरह
तुम पर मुझ पर
छाती है

1988

जल

जल
खोजता है
जल में
हरियाली का उद्‌गम
कुछ नीली स्मृतियाँ
और मटमैले चिह्न

जल
भागता है
जल की गली में
गाते हुए
लय का
विलय का उच्छल गान

जल देता है
जल को आवाज
जल सुनता है
जल की कथा
जल उठाता है
अंजलि में
जल को

जल करता है
जल में डूबकर
उबरने की प्रार्थना

जल में ही
थरथराती है
जल की कामना

1988

अन्त की ओर

कौन सोचता है भला
कि वह अपने अन्त की ओर जा रहा है ?

अन्त आता है
अपने आप
उसकी ओर जाना नहीं होता ।

दीवार से धसककर गिरता गारा,
मुरझाकर झरता फूल,
पहिये के नीचे अचानक आ गई चींटी,
कोट उतारकर अलमारी में टाँगते हुए
पथरा गया हाथ,
बाढ़ के पानी में पुल पर से गुज़रती रेलगाड़ी,
पिकनिक में
जलप्रपात में नहाते बच्चे—

सबका आता है अन्त
एक अदृश्य जाल में समेटकर ले जाता है काल
सबको
पर कोई
उसकी ओर जाता नहीं है ।

1988

एकदम से नहीं

एकदम से नहीं होगा अन्त

कुछ पहले तो बताया ही जायेगा
भले ऐसी भाषा में
कि हमारी समझ में न आये

हो सकता है तिनके की तरह
चोंच में दबाकर लाये चिड़िया
स्वर्ग का एक सन्देश
हरी पत्ती पर कोई इल्ली
लिख जाये हमारे लिए एक इबारत

किसी अँधेरे घर की अलमारी में
सदियों पहले रखी गयी पाण्डुलिपि में
रखा हो सूखे फूल की तरह
हमारी नियति का आशय

भविष्यफल में नहीं होगी ख़बर आनेवाले अन्त की
न ही दाल में पड़े कम नमक को कोई अन्दाजा होगा
पर खोजने पर जरूर मिल जायेगा
किसी गहन गुफा के अन्दर चट्टान की तरह छिपा वह शब्द
जो अन्त का रहस्य होगा

एक बार तो दस्तक होगी
दरवाज़ा खुलने के पहले,
आवाज रुँधने के पहले
एक बार तो होगी चीख़ या पुकार

एकदम से नहीं होगा अन्त

1988

मैं चला जाऊँगा

अब मैं चला जाऊँगा
धीरे-धीरे उतरूँगा
तुम्हारे बन्द दरवाज़े की सीढ़ियाँ–
अँधेरे और कचरे से भरी
गली से होता हुआ
मैं वापस चला जाऊँगा
शब्द सारे सूखी पत्तियों की तरह
बिखरे पड़े हैं
और उनकी मोटी तह पर
गिर रही है बारिश
गली के मोड़ पर
रखवाली करता देवता भी खिसक गया है
अवसर पाकर

मैं अपने खाली हाथ
और भरा हृदय लिये हुए
लौट जाऊँगा अपने अँधेरे में
जहाँ कविताएँ
दियों की तरह जलती-बुझती रहती हैं

सब कुछ साफ़ हो जायेगा
जैसे काँच के शीशों पर

जमी बारिश की बूँदें और कचरा
जो थोड़ी-सी जगह थी
पट जायेगी
और चीज़ों से

किसी को याद भी नहीं रहेगा
कि अभी थोड़ी देर पहले
मैं था वहाँ—

कोई निशान नहीं होगा बाक़ी
जैसे पत्ती झरने के बाद
धीरे-से फूटता है नया किसलय
और वृक्ष को भी याद नहीं रहता
कि वह एक पत्ती थी जो अब नहीं है ।

मैं वापस चला जाऊँगा
अपने अँधेरे में
कविताओं की लौ को
थोड़ी देर
बुझने के पहले
उकसाता और बढ़ाता हुआ
मैं उतरूँगा
सीढ़ियाँ
पुरानी बावड़ी की
और बैठा रहूँगा
जल के किनारे
चट्टानों के गझिन पड़ोस में
एक पुराने पक्षी की तरह
स्थिर और जड़ ।

फिर मैं चला जाऊँगा
ऐसे कि जैसे कभी था ही नहीं ।

1988

शायद

शायद यही हो :
ठीक वक्त पर घण्टी न बजे,
दरवाज़ा न खुले—
कोई आवाज न आये
भयावह जंगल के अँधेरे में,
कोई दूकान खुली न मिले
आधी रात की रौशन सड़क पर,
कोई बच्चा न जाये पढ़ने
दूर पहाड़ी गाँव के स्कूल में,
बारिश में कोई रोगी या बूढ़ा न निकले बाहर,
बच्ची वापस न करे
पड़ोसी के घर से चोरी से उठा लायी
कहानी की किताब—

और शायद यह भी न हो

सब कुछ हो रंग-रौग़न
भीड़, आतिशबाज़ी
चकाचौंध और तालियाँ
प्रशंसा से लबालब आँखें
फूलमालाएँ और आगे के लिए निमंत्रण—

एक बूढ़ा उठाये अपने हाथ
प्रणति में पुराने मंदिर के कीचट अँधेरे में
एक बच्चा अपने आँगन की हरी घास में
रेंगते कीड़ों को पकड़कर जमा करे माचिस की डिब्बी में

हो सकता है यह भी न हो
और एक पुरानी तराजू में तौला जाए
संशय को और प्रतीक्षा को
और नये सिक्कों में ढल जाए धीरज :
हम सबको
डाल दिया जाए किसी गोदाम में
सदियों तक बाहर न आ पाने के लिए

1988

कितने दिन और बचे हैं ?

कोई नहीं जानता कि
कितने दिन और बचे हैं ?

चोंच में दाने दबाये
अपने घोंसले की ओर
उड़ती चिड़िया कब सुस्ताने बैठ जायेगी
बिजली के एक तार पर और
आह्लाद से झूलकर छू लेगी दूसरा तार भी ।

वनखण्डी में
आहिस्ता-आहिस्ता एक पगडण्डी पार करता
कीड़ा आ जायेगा
सूखी लकड़ियाँ बीनती
बुढ़िया की फटी चप्पल के तले ।

रेल के इंजन से निकलती
चिनगारी तेज़ हवा में उड़कर
चिपक जायेगी
एक डाल पर बैठी प्रसन्न तितली से ।

कोई नहीं जानता कि
किसका कितना समय और बचा है ।

प्रतीक्षा करने का
कि प्रेम आयेगा एक पैकेट में
डाक से,

कि थोड़ी देर और बाक़ी है
कटहल का अचार खाने लायक होने में,
कि पृथ्वी को फिर एक बार
हरा होने और आकाश को फिर दयालु और
उसे फिर विगलित होने में
अभी थोड़ा-सा समय और है ।

दस्तक होगी दरवाजे पर
और वह कहेगी कि
चलो, तुम्हारा समय हो चुका ।
कोई नहीं जानता कि
कितना समय और बचा है,
मेरा या तुम्हारा ।

वह आयेगी–
जैसे आती है धूप
जैसे बरसता है मेघ
जैसे खिलखिलाती है
सपने में एक नन्ही बच्ची
जैसे अँधेरे में भयातुर होता
है खाली घर–

वह आयेगी
जरूर,
पर उसके आने के लिए
कितने दिन और बचे हैं
कोई नहीं जानता ।

1988

समय से अनुरोध

समय, मुझे सिखाओ
कैसे भर जाता है घाव, पर
एक अदृश्य फाँस दुखती रहती है
जीवन भर ।

समय, मुझे बताओ
कैसे जब सब भूल चुके होंगे
रोज़मर्रा के जीवन व्यापार में
मैं याद रख सकूँ
और दूसरों से बेहतर न महसूस करूँ ।

समय, मुझे सुझाओ
कैसे मैं अपनी रौशनी बचाये रखूँ
तेल चुक जाने के बाद भी,
ताकि वह लड़का
उधार लायी महँगी किताब एक रात में ही पूरी पढ़ सके ।

समय, मुझे सुनाओ वह कहानी
जब व्यर्थ पड़ चुके हों शब्द,
अस्वीकार किया जा चुका हो सच,
और बाकी न बची हो जूझने की शक्ति
तब भी किसी ने छोड़ा न हो प्रेम,

तजी न हो आसक्ति,
झुठलाया न हो अपना मोह ।

समय, सुनाओ उसकी गाथा
जो अन्त तक बिना झुके
बिना गिड़गिड़ाये या लड़खड़ाये,
बिना थके और हारे,
बिना संगी-साथी,
बिना अपनी यातना को सबके लिए गाये,
अपने अन्त की ओर चला गया ।

समय, अँधेरे में हाथ थामने,
सुनसान में गुनगुनाहट भरने,
सहारा देने, धीरज बँधाने,
अडिग रहने, साथ चलने और लड़ने का
कोई भूलाबिसरा पुराना गीत तुम्हें याद हो
तो समय गाओ
ताकि यह समय,
यह अँधेरा,
यह भारी
यह असह्य समय कटे ।

1988

अपने साथ

अपने प्रेम, अपनी इच्छा,
अपने निश्छल से सनी
यह मिट्टी
यहीं नहीं छोड़ जाऊँगा
थोड़ी-सी अपने साथ ले जाऊँगा

यह जल
जिसे मेरी देह ने किया है पवित्र
इतनी बार
थोड़ा-सा, भले ही अपनी आँखों भर ही,
मैं ले जाऊँगा अपने साथ

यह आग
जिसकी आँच में मैं जीवन भर
तपा और पका हूँ
सूखी लकड़ी को घेरती लपट की तरह
जायेगी साथ ही

हवा, इतनी सारी हवा
आँधियाँ, तूफ़ान, चक्रवात, बगूले आदि
सब पीछे छोड़ जाऊँगा
पर जितनी घेरे है मुझे हवा
उतनी तो साथ ही जायेगी मेरे

मैं जहाँ भी लूँगा जन्म
पत्थर, कीड़े या वृक्ष के रूप में
फिर इन्हीं सबसे
अपने को गढ़ूँगा

इसका जतन करते हुए
कि मैं वही बना रहूँ
कुछ और न हो जाऊँ ।

1988

धीरे-से

प्राचीन शब्दों में घिरा हुआ समय
धीरे-से आता है पास
धीरे-से पूछते हैं हम
देवताओं से हालचाल—

धीरे-से खुलता है द्वार एक
अनन्त में
धीरे-से फूटता उसके अंगों से उजास—

पल्लवों-पताकाओं के बीच
धीरे-से होता है सूर्यास्त
धीरे-से उसका शरीर होता है अरुणाभ
पक्षियों और चट्टानों के संगीत के बीच
धीरे-से जागता है सूर्य ।

1988

कहीं और

चलो, कहीं और चलते हैं
जहाँ समय चाँदनी-सा शीतल बिछा हो
जहाँ गाते हों पत्थर और सुनते हों पेड़
जहाँ टपकते हों शब्द मौलश्री की तरह

चलो, कहीं और चलते हैं

जहाँ पलाश अन्तिम नमस्कार के बाद भी खिला हो प्रसन्न
जहाँ बच्चे खेल रहे हों गेंद की तरह नक्षत्रों से
जहाँ बारिश के बाद के कीड़ों की क़तार की तरह
अनन्त रेंगता हो आसपास

चलो, कहीं और चलते हैं

जहाँ प्रार्थना झरती हो नीम के बौर-सी नीरव
जहाँ पृथ्वी की परिक्रमा करता हो सूर्य
जहाँ चंद्रमा तुम्हारे उरोजों के बीच दिपता हो
जहाँ धूप मेरी अंजलि में यौवन की तरह एकत्र हो

चलो, कहीं और चलते हैं

1988

उपरान्त

1

हार के बाद भी
बचे हुए हैं शब्द
जो उम्मीद में
खिले हुए थे
फूलों की तरह–

2

अचानक वह जगह
जो धड़क रही थी
जाग रही थी
गा रही थी
एक पीली पत्ती की तरह
झरकर
जैसे खो गयी
अन्तरिक्ष में–

3

सब कुछ वैसा ही रहा
अस्वीकार के बाद
पृथ्वी, आकाश, वनसंपदा
और वह स्वयं भी

वैसी ही शांत, स्थिर और सुन्दर
कुछ टूटा अकस्मात्—किसी ने आवाज नहीं सुनी,
कुछ बिखरा अचानक—किसी ने नही देखा,
कुछ ओझल हो गया—किसी ने ध्यान नहीं दिया ।
उसने भी नहीं,
अस्वीकार के बाद ।

1988

वहीं रख दो

वहीं रख दो
जहाँ रखे हैं शस्त्र और आभूषण,
जहाँ रखा है समय,
जहाँ रखी है प्रार्थना,
वहीं रख दो—
यह प्रेम,
ये शब्द—

वहीं गाता है सन्नाटा,
वहीं आम्रमंजरी धीरे-धीरे पककर हो रही है फल,
वहीं अलसाये देवता
भूल जाएँगे वरदान,
वहीं आकर पुरखे पूछेंगे पता—

वहीं रख दो—
यह प्रेम—
ये शब्द—

वहीं मिलेगा अभय
वहीं फुरसत से नबेरेगा काल
वहीं होगा अन्त
वहीं होगा शुभारंभ

वहीं यह प्रेम
वहीं ये शब्द

1988

प्रेम के लिए जगह

उसने बचपन की कुछ पतंगों को बिछाकर
बनाया रंगबिरंग बिछौना
उसने एक कोने पर सजाये
पुराने पत्र और छबियाँ
उसने गुनगुनायीं
कुछ प्रार्थनाएँ
उसने जमा किये एक तरफ़
जन्म-जन्मान्तरों के उपहार

उसने याद किये कई चेहरे
शहरों की कई ओझल खिड़कियाँ
कड़ी धूप में भी झुरमुट में
बचा अँधेरा
पुराभाषाओं के लुप्त शब्द

उसने अनादि से अनन्त तक
प्रेम के लिए जगह बसायी

1987

उसके बाद

वही प्राचीन दैनंदिन आकाश
अपने नक्षत्रो से भरा हुआ और
अनदेखा—

वही धूप में हवा में
हिलती पत्तियाँ और
गूँजता हुआ अक्षय वन—
अनसुना

वही अनगिन आवाजें
चिड़ियों की तरह अचानक
इधर उधर से आती हुईं

वही थोड़ी-सी जगह
केलि के बाद
उदासीन और अलसायी

भूले हुए वस्त्र की तरह
विपर्यस्त कुछ शब्द

कुछ लोग
हमेशा की तरह परेशान,

इससे बिलकुल अनजान
कि कुछ सुन्दर घटकर
बीत गया

बिलकुल पहली बार
बिलकुल आखिरी बार

1988

अभी

अभी वह रचेगी
एक स्पन्दित अनन्त–
अभी वह खिलायेगी
एक अक्षत कुसुम–
अभी वह ढालेगी
एक ईर्ष्यालु देवता–
अभी वह करेगा
सारे ब्रह्माण्ड को
मौन में बदलकर
एक आराधना–

अभी वे खोजेंगे
आकाश और पृथ्वी से दूर
जंगल और हवाओं की पहुँच के बाहर
घर और बस्तियों के पार
एक जगह
अपने प्रेम के लिए

1987

थोड़ी-सी जगह

आकाशगंगाओं के तुमुल के बीच
थोड़ी-सी जगह—

थोड़ी-सी जगह
चट्टानों के बीच,
जड़ें जमाने और फिर
आकाश की ओट जाने के लिए—

अन्तिम शब्द और
मौन के बीच—

फूल के फल होकर
टपकने के पहले—

ओस गिरने,
ठण्ड में उत्तप्त खिलने,
नीले आकाश के रक्ताभ होने,
मेघों के कामातुर झुकने,
हरसिंगार के फूल चूने
की जगह—
थोड़ी-सी जगह—
वहीं मैं तुम्हें प्यार करूँगा

उस झुरमुट में,
उस गोधूलि में,
उस अस्फुट गान में,
अनन्त के पड़ोस में
उस थोड़ी-सी जगह में—

1987

खोया हुआ प्यार

जैसे वृक्ष
अपनी पत्तियों के झुरमुट में
अकस्मात् पाये
एक कोमल रक्ताभ किसलय
हरे के पड़ोस में
धीरे-धीरे पनपता

उसने कहा
खोया हुआ
बचा-खुचा प्यार
फिर आ गया है उसके पास

अकस्मात् को छूती नहीं है हवा
अचानक को देखता नहीं आकाश ।

सिर्फ़ वृक्ष गुनगुनाता है
एक हठीला शब्द
जो गूँजता है
उसकी शिराओं में,
पुष्पित होता है अन्तरिक्ष में ।

प्यार लौटेगा
जैसे अचानक बारिश,
भीड़ में दोस्त की आवाज़,
खेत में मिली एक पुरामूर्ति ।

1987

कहीं नहीं

आकाश कैसे भागेगा ब्रह्‌माण्ड से ?
कहाँ जाएगी पृथ्वी अपनी कक्षा से ?
नक्षत्र कहाँ दीप्त होंगे सौरमंडल छोड़कर ?

फूल हरी पत्तियों और झूमती डालों पर नहीं
तो कहाँ फूलेंगे ?

जल कहाँ जायेगा
नदी से, सागर से,
मेघ से, प्यास से दूर ?

तुम कहीं नहीं जा सकते
अपनी त्वचा और अस्थियों से,
अपनी भाषा से,
अपने प्रेम से ।

1987

शुभकामना

उदार चरित देवदारु
कहते हैं शुभ हो हिमगिरियों से—
मंगलकामना करते हैं
झरने जो नदी की ओर
बहे जाते हैं विलीन होने के लिए—

अधपकी खूबानियाँ
लदी-फँदी डालों से
करती हैं अस्फुट प्रार्थना
तितलियों और अदृश्य तोतों के सौभाग्य के लिए—

असख्य जन्मदिनों को याद करते हुए
वनस्पतियाँ
अपनी अनगिन आवाज़ों और
रंगो से कहती हैं—
देखो ससार सुन्दर है
क्योंकि तुम हो,
आकाश की तरह पवित्र,
पृथ्वी की तरह समृद्ध
अग्नि की तरह उज्ज्वल,
वायु की तरह सर्वत्र—

क्योंकि तुम हो—

1987

अपनी अंजलि में

मैं अपनी अंजलि में उठाता हूँ पूरा संसार–
असख्य देवता, वनस्पतियाँ, नक्षत्र,
झरने में डूबी चट्टानें,
अक्षांश और दसवीं शताब्दी–
पक्षियों में बदल गये पूर्वज
अनसुनी वन्दना, बचपन में
चोरी से जमा पत्थरों-बीजों के ढेर

मैं उठाता हूँ
तारों से भरा
सौभाग्य की तरह
दिपता दिगंबर आकाश,
शस्य श्यामल पृथ्वी ।
मैं अपनी अंजलि में भरता हूँ महासागर,
महाद्वीप
और पहाड़ी रास्ते पर चाय की दूकान से आग–

मैं अपनी अंजलि में
फूलों की तरह धरता हूँ
चन्द्रमा और सूर्य को,
मैं सरस प्रत्येक क्षण की
रिक्त अंजलि में ललककर
मौलश्री के फूल-सा निर्भर झरता हूँ–

मैं उठाता हूँ
आशीर्वाद की तरह
अहरह झरने
अन्तःसलिल सरस्वती,
चबूतरे पर बच्चों की छीनाझपटी—

मैं उठाता हूँ
अपनी कविताएँ, अधूरी चिट्ठियाँ,
पुराने प्रेम, पुरातन भाषाएँ
मेले की रंगबिरंग छबियाँ
भोर का धीरे-धीरे चहकता मौन
अवसान की प्रतीक्षा में स्थिर बूढ़ा—

तुम जो शब्द से, कामना से
प्रार्थना से दूर हो—
मैं तुम्हारे सामने
निश्छल
अपनी अंजलि में उठाता हूँ
पूरा का पूरा संसार—

1987

उसकी आवाज़ में

उसकी आवाज में
आगे आनेवाले फलों की
कसमसाहट है–
उसकी आवाज़
अलसायी हुई है आम्रमंजरियों से–

उसकी आवाज़
भर देती है सुगन्ध से
सुनसान को–
उसकी आवाज़ में
बजते हैं अनन्त के नूपुर–

उसकी आवाज़ दीप्त है
आकाश से

उसकी आवाज़
डूबी है स्वीकार के
अस्फुट गान में

उसकी आवाज़ प्रार्थना है
पक्षियों के लिए
देवताओं के लिए
तुम्हारे सौभाग्य के लिए

1987

जैसे वही

वह आ रही है
जैसे आ रही है
तपते हुए दिन की शीतलती वर्षा

जैसे आ रही है
नदी-जल में पर्वत की स्वप्न-छाया

जैसे चट्टान के नीचे
गूँजने लगी है दूब की हरी गुनगुनाहट

वह आ रही है

जैसे खिड़की से अन्दर आ रहा है
प्रसन्न आकाश–
जैसे एक गिलहरी उठा रही है
सारी की सारी वनगन्ध

वह आ रही है

जैसे वही आ रही है–

1987

तुम आ रहे हो

तुम आ रहे हो जिस पथ से
उस पर मैं आ रहा हूँ
भागकर तुम्हारी अगवानी करने—

आकाश से कुछ उसके
नक्षत्र उधार लेकर,
पृथ्वी से छीनकर
उसकी कुछ पुष्पमालाएँ—
महामौन से बीनकर कुछ शब्द
कुछ दूब, कुछ बादल, कुछ धूप
कुछ पंख और अक्षत लेकर

पर तुम आ रहे हो
तो जैसे हरेक दिशा से
आभा आ रही है—
जैसे आकाश तुम्हारे कंधे पर
वस्त्र की तरह पड़ा है—
कि नूपुरो की तरह
बँधे हैं फूल और नक्षत्र
तुम्हारे चरणों में—

मैं बिजड़ित और खाली हाथ खड़ा हूँ
क्योंकि तुम आ रहे हो
वरदान की तरह
आशीर्वाद की तरह
सौभाग्य की तरह
तुम आ रहे हो—

1987

तुम

धरती को बारिश
अपनी असंख्य उँगलियों से
गुदगुदाती हैं
और उसके इतने सारे
हरे रोएँ खड़े हो जाते हैं—

तुम
मुझे छुओ
मुझे जगाओ
तुम मुझे भिगोओ

तुम जो एक निश्छल आकाश हो
इतने मेघाच्छन्न होने के बावजूद अकलंक—
तुम जो पवित्र हो
एक बच्चे की अबोध प्रार्थना की तरह—

तुम
धरती।
तुम
बारिश।
तुम
हरियाली।

1987

पत्थर से केलि करता है पत्थर

(खजुराहो में)

पत्थर चूमता है
पत्थर को

पत्थर को बाँहों में भींचता है
पत्थर

पत्थर भरता है पत्थर को–

पत्थर करता है मर्दन
पत्थर का

पत्थर होता है उत्तेजित
पत्थर देखता है मुग्ध
पत्थर देता है निमंत्रण
पत्थर को

पत्थर उठाता है भुजाएँ
पत्थर तोड़ता है जंघाएँ
पत्थर कुसुमित होता है उरोज में

पत्थर काँपता है
पत्थर पसीजता है
पत्थर धार-धार बहता है

पत्थर करता है
पवित्र
पत्थर को

पत्थर से केलि करता है पत्थर

1987

पूरी की पूरी पृथ्वी

कगार पर नहीं थी वह ज़रा सी-जगह
न ही बीचोंबीच–
पर थी और इतनी
कि दोनों बैठ सकें
एक-दूसरे के नज़दीक,
कभी-कभार एक-दूसरे को छू सकें
और बिना किसी अड़चन के
बतिया सकें–

आसपास की सारी जगह
घिरी हुई थी
झाड़-झंखाड़ और कबाड़ से,
जितनी बची थी उतनी
जगह थी खाली,
प्रेम से भरी जाने के लिए–

उनके ऊपर था बहुत बड़ा आकाश
एक गझिन पेड़ कोयल के बहाने गाता हुआ–

वहाँ पहुँचने पर उन्होंने पाया
कि सिर्फ़ उतनी जगह नहीं,
उनके पास पूरी खुली पृथ्वी थी :

चट्टानो को घेरे वनस्पतियाँ थीं–
वनस्पतियों के आसपास मँडराती तितलियाँ थीं–
नीचे धीरे-धीरे केलिरत कीड़ों की पंक्तियाँ थीं–

जरा-सी जगह ही थी
प्रेम के लिए,
पूरी की पूरी पृथ्वी ।

1987

पूर्णिमा

पूर्णिमा का चन्द्रोदय
उसके शरीर में—
और जैसे आकाश रहता है
अपरिचित अपने नक्षत्रों से,
वह उदासीन है उस चाँदनी से
जो उससे ही झिरती हुई
छा रही है पृथ्वी पर ।

पानी में सोता है चन्द्रबिम्ब
वृक्ष को घेरती है छाल
चिड़िया के चहकने से फूलता है अमलतास

वह सुन्दर है
जैसे कठोर है चट्टान
जैसे परिक्रमा करती है पृथ्वी
जैसे भिगोता है पानी
जैसे उषा से दीप्त है
भोर का आकाश ।

1987

एक नाम

एक पुल
ओझल होती ओस
और हरी दूब की नोंक के बीच–
एक नाम
उँगलियों, दाँतों और स्मृति के बीच–

पुल का कोई नाम नहीं
नाम कोई पुल नहीं
तुम्हीं एक पुल
तुम्हीं एक नाम
तुम्हीं तुम
तुम्हीं तुम नहीं ।

1987

कहाँ ?-1

दहकता गुलमोहर का फूल
कहाँ जानता है
कि उसने लगा दी है आग
हरियाली में—

चन्द्रमा कहाँ देख पाता है
पुरानी बावड़ी के शान्त जल में
अपना प्रतिबिम्ब

कहाँ सुन पाता है ईश्वर
शून्य शिखर पर
अपना अनहद नाद

वह कहाँ देख पाती है
अपने को सद्यः स्नाता ?

1986

कहाँ ?-2

अँधेरे में
सीढ़ियों से चुपचाप उतरते हुए–

सूर्योदय के आकाश पर,
चिड़ियों-भरे नीम के पेड़ पर,
खिड़की खोलते हुए–

धूप में
सड़क पर छाता लगाये
किनारे-किनारे
दूर तक अकेले जाते हुए–

बचपन की बावड़ी के
किसी ओझल पत्थर पर
गुनगुनाते बैठे हुए–

प्रार्थना के शब्द की तरह अस्फुट,
पीपल में अकस्मात् खिल आये किसलय की तरह रक्ताभ,
अदृश्य देवताओं के अनुरक्त नेत्रों से दूर–

तुम कहाँ हो ?

इस कविता ने
जो थोड़ी-सी जगह बनायी है
उसमें
या
अपने ही असूर्यम्पश्य
एकांत में ?
या वहाँ
जहाँ ओस
ओझल होने से पहले
दूब से प्रणय निवेदन करती
हरियाली से विदा लेती है ?
वहाँ ? कहाँ ? तुम ?

1987

सद्यः स्नाता

पानी
छूता है उसे
उसकी त्वचा के उजास को
उसके अंगों की प्रभा को—

पानी
ढलकता है उसकी
उपत्यकाओं शिखरों में से—

पानी
उसे घेरता है
चूमता है

पानी सकुचाता
लजाता गरमाता है
पानी बावरा हो जाता है

पानी के मन में
उसके तन के
अनेक संस्मरण हैं ।

1987

हँसी से ही

हँसो
क्योंकि तुम्हारी हँसी से ही
जलद है मेघ,
चिड़िया तिनके बीनकर
बार-बार बनाती है घोंसला,
फूल देखते हैं
पत्तियों के पार दूसरे फूलों
मधुमक्खियों और आकाश को—

हँसी
नदियों के जल में
मछलियों की तरह तैरती हुई
भागी चली जाती है अगाध की ओर—

हँसी
हरीतिमा बनकर
दौड़ती है पर्वतमालाओं की गोद से
अनन्त की बाँहों में—

हँसी
कुसुमित होती है
पलाश-अमलतास में,
हेमन्त और वसन्त में—

हँसो
कि उसी के कगार पर
प्रकाशित है तुम्हारा होना,
कि उसी से ठिठका खड़ा है
मेरा अन्ततः न होना—

1987

ऐसे होगा अन्त

ऐसे होगा अन्त

दूब रहेगी वैसी ही हरी
आकाश वैसे ही छाया हुआ नीलाभ
चिड़ियाँ वैसी ही चहकती-फुदकती हुईं

सिर्फ़ दूब जानेगी कि
ओस की वह बूँद आज नहीं गिरी
आकाश को याद आयेगा
एक शब्द जो ध्वनित नहीं हुआ
चिड़ियों भर को नहीं दीखेगा वह प्रफुल्ल कुर

ऐसे होगा अन्त

1987

प्रेम में

आम्रमजरी से झुकी डालों के पीछे
चम्पा के फूलों के ऊपर
पूर्णिमा थी अपने चन्द्रमा के साथ
धवल उज्जवल शीतल—

मैंने यहीं बैठे-बैठे
उसे अपनी अजलि में उठाया
और तुम्हें अर्पित किया
तुम रखो उस पूर्णचन्द्र को
जहाँ चाहो
अपने ओठों पर
अपने नेत्रों पर
अपने उरोजों के बीच—

मैंने तोड़े नहीं पलाश के फूल
उनसे लदे असंख्य वृक्षों से
सिर्फ़ यहीं से उन्हें सजा दिया
उनकी सारी सिन्दूरी आभा के साथ
तुम्हारे लावण्य के चारों ओर—

प्रेम में यही होता है
सारा ब्रह्माण्ड बैठे-बैठे मिल जाता है

समर्पण के लिए
और ऐसे शब्द भी
जो वह न होता तो मेरे पास
कभी न आते ।

1988

खजुराहो में रात

वहाँ गवाक्ष के नीचे
प्राचीन अंधकार में
या अपने निपट अकेलेपन के उजास में
वह है—

महुए का वृक्ष अपनी गन्ध में डूबा हुआ
न जानता है उन तोतों को
जो उधर हरी दूब पर
चुआते हैं महुए
और न उसे जो
पत्थरों से घिरी
पास में ही है—

और यहाँ जहाँ वह नहीं है
एक राग की तरह गूँजती
एक सुगन्ध की तरह घेरती
हवा की तरह कोमल और अदृश्य
वह है—
नहीं होकर भी

महुए का वृक्ष
अंधकार का वृक्ष
आकाश का वृक्ष

कोई नही जानता
न जानती है महुओं-पटी हरी घास
और न वह ही जो है
न होकर भी ।

पत्थर
दिव्य और विजड़ित
निष्पलक देखते हैं
होना, न होना—

1986

विदा

तुम चले जाओगे
पर थोड़ा-सा यहाँ भी रह जाओगे
जैसे रह जाती है
पहली बारिश के बाद
हवा में धरती की सोंधी-सी गन्ध
भोर के उजास में
थोड़ा-सा चन्द्रमा
खण्डहर हो रहे मन्दिर में
अनसुनी प्राचीन नूपुरों की झंकार

तुम चले जाओगे
पर थोड़ी-सी हँसी
आँखों की थोड़ी-सी चमक
हाथ की बनी थोड़ी-सी काफ़ी
यहीं रह जायेंगे
प्रेम के इस सुनसान में

तुम चले जाओगे
पर मेरे पास
रह जाएगी
प्रार्थना की तरह पवित्र
और अदम्य

तुम्हारी उपस्थिति
छन्द की तरह गूँजता
तुम्हारे पास होने का अहसास

तुम चले जाओगे
और थोड़ा-सा यहीं रह जाओगे

1988

●●●